まちごとアジア

Pakistan 006 Multan
ムルタン
炎天下の「スーフィー聖廟」

ملتان

Asia City Guide Production

【白地図】パキスタン

ASIA
パキスタン

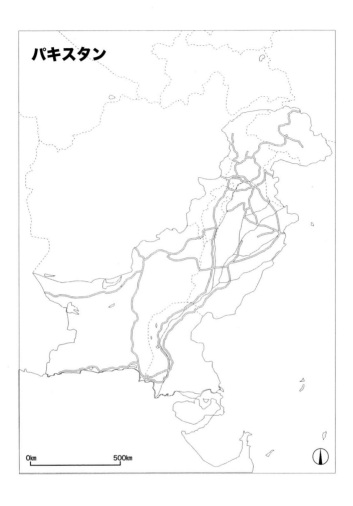

【白地図】ムルタンとパンジャーブ州

ASIA
パキスタン

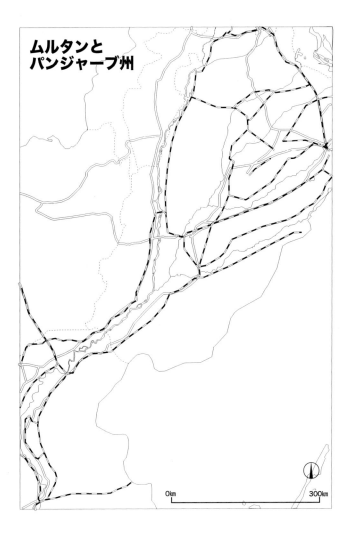

【白地図】ムルタン

ASIA
パキスタン

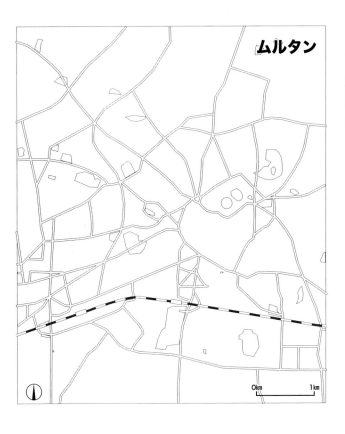

【白地図】ムルタン駅

ASIA
パキスタン

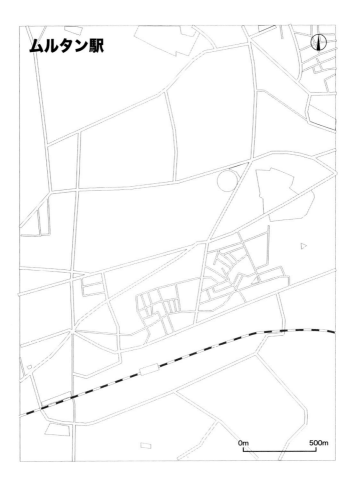

【白地図】オールドムルタン

ASIA
パキスタン

【白地図】カーシムバーグ

ASIA
パキスタン

【白地図】ムルタン郊外

ASIA
パキスタン

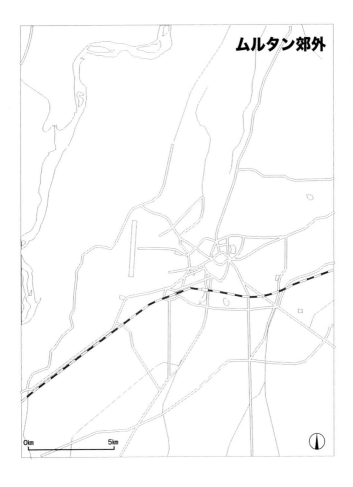

【まちごとアジア】
パキスタン 002 フンザ
パキスタン 003 ギルギット（KKH）
パキスタン 004 ラホール
パキスタン 005 ハラッパ

ASIA
パキスタン **パキスタン 006 ムルタン**

　インダス河とその流域はシンドと呼ばれ、長いあいだムルタンはその中心地だった（シンドはインドの国名の起源）。ちょうどデリーやアーグラなどのインドとペルシャ、インダス河口地帯を結ぶ要衝にあたり、紀元前から2000年以上に渡って繁栄してきたパキスタン屈指の古都として知られる。

　古くは『マハーバーラタ』に描かれ、アレクサンダーの遠征軍、中央アジアからの侵入したイスラム軍といった勢力、玄奘やイブン・バットゥータなどの旅人が、この街に関する

Multan ملتان ムルタン

記録を残している。

　中世以降、インド亜大陸がイスラム教が浸透していくにあたって、ムルタンはイスラム神秘主義者の道場が構えられ、現在でもイスラム聖者廟がいくつも残っている。ムルタン旧市街では複雑に入り組んだ路地が走り、ほこりが舞う風景は中世を彷彿とさせる。

【まちごとアジア】

パキスタン 006 ムルタン

目次

ASIA
パキスタン

| ムルタン……………………………………………xvi |
| 伝統が息づく古都 …………………………………xxiv |
| ムルタン城市案内 ………………………………xxxiii |
| イスラム中世世界を訪ねて ………………………lvii |

【MEMO】

【地図】パキスタン

【地図】ムルタンとパンジャーブ州

ASIA
パキスタン

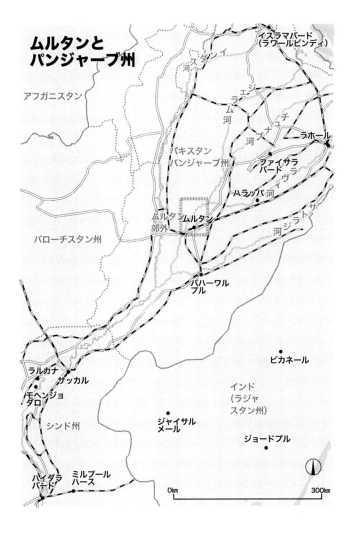

伝統が息づく古都

ASIA
パキスタン

砂塵舞う乾燥地帯に位置するムルタン
アレクサンダーも足跡を残している古都であり
古くからイスラム教の伝統をもつ街としても知られる

歴史的古都

古代インドの叙事詩『マハーバーラタ』では、ムルタンはマラーバと記述されている。ちょうどパキスタンのへその部分にあたるムルタンは、その地理的重要性から紀元前326年にアレクサンダーはじめ、中世のガズナ朝マフムード、モンゴル軍、ティムールなどの侵入をこうむっている。13世紀以降、デリー・サルタナット朝、ムガル帝国の治下に入ったあと、19世紀にはシク王国、続いて英領インドの統治時代が続いた。

▲左　荷車に乗って移動する家族。　▲右　ダルガーにほどこされたイスラム装飾

Multan　伝統が息づく古都

イスラム教の伝統

7世紀に生まれたイスラム教が南アジアに伝わったのは712年のこと。ムハンマド・ビン・カーシムひきいるイスラム帝国の遠征軍が、インダス河の河口部にあるバンボールに上陸し、そのままアラブ軍はシンド地方からムルタンにまで攻めあがった。そこにあった仏教やヒンドゥー王国は滅ぼされ、アラブ軍がひきあげたあともイスラム勢力はこの地に残ることになった。この年、はじめて南アジアがイスラム化したとされ、そのことを人々は誇りにしている。のちに11世紀のガズナ朝、12世紀のゴール朝といったイスラム勢力の本格

▲左　ムルタン鉄道駅、リキシャが客待ちをしている。　▲右　緑のドームをもつ霊廟、信仰の場となっている

的な南アジア侵入への足がかりになった。

G がキーワード

ゴーリスタン Goristan（墓地）、ガルマ Garma（暑さ）、ガルド Gard（砂塵）といった「G」をキーワードにムルタンは語られる。この地方はパキスタンでも屈指の暑さで知られ、また中世以来の伝統をもつイスラム聖者廟が見られるのがこの街の特徴となっている。

【MEMO】

Multan 伝統が息づく古都

【地図】ムルタン

【地図】ムルタンの [★★★]
- [ ] オールド・ムルタン Old Multan
- [ ] シャー・ルクネ・アラム廟
  Mausoleum of Shah Rukn-e-Alam

【地図】ムルタンの [★★☆]
- [ ] シャー・シャムス・タブリーズ廟
  Mausoleum of Shah Shams Tabrez
- [ ] ハーフィズ・ジャマール廟 Mausoleum of Hafiz Jamal
- [ ] イドガー・モスク Eidgah Mosque

【地図】ムルタンの [★☆☆]
- [ ] 時計塔 Clock Tower

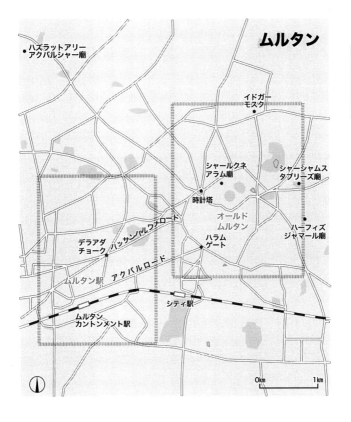

【地図】ムルタン駅

ASIA
パキスタン

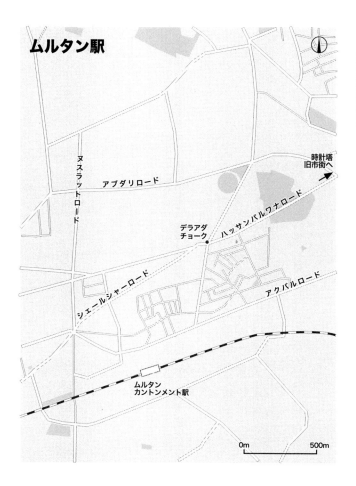

Guide, Multan
ムルタン城市案内

入り組んだ路地が続くムルタンの旧市街
そこにはイスラム聖者廟やモスクが残る
またイギリス統治時代に新市街がつくられ街は拡大を続けている

ムルタンの構成

歴史的にムルタンの街がおかれてきたのが、鉄道駅の北東の丘に展開する旧市街。その後、19世紀にイギリスの支配下に入ってからは、旧市街の西側に新市街がもうけられた。現在、街は拡大しこの地方の中心都市となっていて、ムルタン近郊で栽培される小麦や綿花などの集散地となっている。

時計塔 Clock Tower［★☆☆］

オールド・ムルタンへの入口にあたるロハリ・ゲート近くに立つ時計塔ガンタガル。ムルタンのシンボル的存在となっている。

【地図】オールドムルタン

【地図】オールドムルタンの [★★★]
- [ ] オールド・ムルタン Old Multan
- [ ] シャー・ルクネ・アラム廟
  Mausoleum of Shah Rukn-e-Alam

【地図】オールドムルタンの [★★☆]
- [ ] フセイン・アガヒー・バザール Hussain Agahi Bazar
- [ ] バハー・ウル・ハック廟 Mausoleum of Baha-Al-Haq
- [ ] シャー・シャムス・タブリーズ廟
  Mausoleum of Shah Shams Tabrez
- [ ] ハーフィズ・ジャマール廟 Mausoleum of Hafiz Jamal
- [ ] イドガー・モスク Eidgah Mosque

【地図】オールドムルタンの [★☆☆]
- [ ] 時計塔 Clock Tower
- [ ] チョーク・バザール Chowk Bazar
- [ ] シャー・ユースフ・ガルディジー廟
  Mausoleum of Shah Yusuf Gardezi
- [ ] アリー・ムハンマド・ハーン・モスク
  Ali Muhammad Khan Masjid

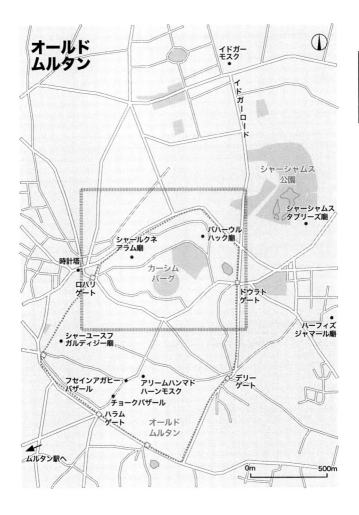

【地図】カーシムバーグ

【地図】カーシムバーグの [★★★]
- [ ] オールド・ムルタン Old Multan
- [ ] シャー・ルクネ・アラム廟 Mausoleum of Shah Rukn-e-Alam

【地図】カーシムバーグの [★★☆]
- [ ] バハー・ウル・ハック廟 Mausoleum of Baha-Al-Haq

【地図】カーシムバーグの [★☆☆]
- [ ] 時計塔 Clock Tower

ASIA
パキスタン

▲左　中世以来、イスラムの拠点となってきた。　▲右　ムルタンにはカントンメント駅とシティ駅のふたつの駅がある

オールド・ムルタン Old Multan ［★★★］

城壁に囲まれた旧市街オールド・ムルタン。712年にムハンマド・ビン・カーシムがムルタンを征服し、拠点をおいたところからカーシム・バーグ（カーシムの庭）と呼ばれる庭園も見られる。ここは11世紀のガズナ朝、13世紀以降のデリー・サルタナット朝、16〜18世紀のムガル帝国時代を通じてイスラム勢力の一大拠点として繁栄を続けていた。古い時代の路地は今も残り、高台に立つ展望台からはムルタン市街が一望できる。

【MEMO】

ASIA
パキスタン

フセイン・アガヒー・バザール
Hussain Agahi Bazar [★★☆]

オールド・ムルタンでも一際にぎわいを見せるフセイン・アガヒー・バザール。手工芸品、織物などの店が軒を連ね、狭い路地を行き交う人々の様子からは、中世以来の伝統をもつ街の雰囲気を感じられる。

▲左　時計塔ガンタガル、ムルタンの街にあって一際目立つ。　▲右　旧市街のバザール、いつもにぎわっている

チョーク・バザール Chowk Bazar ［★☆☆］

フセイン・アガヒー・バザールの南に続くチョーク・バザール。イスラム圏の人々の生活に密着した絨毯を扱う店がならぶ。ムルタンは交易拠点として発展してきたほか、絨毯をはじめとする伝統工業が盛んな街としても知られる。

ASIA
パキスタン

シャー・ルクネ・アラム廟
Mausoleum of Shah Rukn-e-Alam [★★★]

ムルタンの象徴的な建物シャー・ルクネ・アラム廟（ダルガー）。八角形のプランにドームが載る様式で、中世インドを支配したデリー・サルタナット朝建築の傑作にあげられる。もともとデリー・サルタナット朝のなかでも最高の繁栄を見せていた14世紀のトゥグルク朝のスルタン、ギャースッディーン・トゥグルクが自身の墓として造営したが、イスラム聖者シャー・ルクネ・アラムの墓廟となった（スルタンの墓はデリーにある）。シャー・ルクネ・アラムとは「世界の柱」

▲左 インド・イスラム建築の傑作シャー・ルクネ・アラム廟。 ▲右 モスクで礼拝する人びと、信仰が息づく

を意味し、スーフィー教団スフラワルディー教団のイスラム聖者としてムルタンで布教にあたり、人々の尊敬を集めていた。

バハー・ウル・ハック廟
Mausoleum of Baha-Al-Haq [★★☆]

バハー・ウル・ハックはムルタンはじめこの地域のイスラム化にもっとも影響をあたえたイスラム聖者で、シャー・ルクネ・アラムの祖父にあたる。12世紀末、ムルタンで生まれたバハー・ウル・ハックはイスラム神学をおさめるため、

ASIA
パキスタン

当時のイスラム世界の中心地であったバグダッドへおもむき、修行にはげんだ。イスラム聖者として高名なスフラワルディーのもとで修行を終えた後、彼は師の命に従ってムルタンに戻り、修道場を構え、この街はスフラワルディー教団の一大拠点として知られるようになった。また13世紀、ムルタンにモンゴル軍が侵入したとき、イスラムの教えを彼らに説いたと言われる。

▲左 大量の陶器が売られている。 ▲右 ムルタンを代表するダルガーのバハー・ウル・ハック廟

ムルタンのスフラワルディー教団

南アジアのイスラム教の布教にあたって、チシュティー教団、スフラワルディー教団などが活躍した。ムルタンに拠点をおいたスフラワルディー教団では、神を賛美するズィクル（祈祷）を唱えることが強調された。また支配権力に対しても協調的な態度をとることで、修行と布教の成果をあげ、デリー・サルタナット朝の庇護を受けることが多かった（同時代のチシュティー教団に比べて、禁欲的な生活をしていなかったという批判がある）。

ASIA
パキスタン

シャー・ユースフ・ガルディジー廟
Mausoleum of Shah Yusuf Gardezi [★☆☆]

旧市街西部に残るシャー・ユースフ・ガルディジー廟(ダルガー)は、ムルタンでもっとも古いイスラム聖廟。ドームをいただく様式が発達する以前の建築で、青いタイルで壁面を装飾されている。内部には墓石があり、そこを中心に時計と反対まわりに歩く。12世紀なかごろの建立と伝えられる。

アリー・ムハンマド・ハーン・モスク
Ali Muhammad Khan Masjid ［★☆☆］

旧市街にあって、こぢんまりとたたずむアリー・ムハンマド・ハーン・モスク。18世紀に建てられたモスクで、ヒンドゥー寺院を思わせる様式が残っている（1947年の印パ分離独立以前には、ヒンドゥー教徒もこの地に暮らし、金融業などに従事していた）。

▲左　旧市街の街角、どこかなつかしい風景が続く。　▲右　羊肉を売る店、グラム売りになっている

玄奘三蔵が記録するムルタン

7世紀、仏典を求めてインドを目指して旅してきた玄奘三蔵。ナーランダの仏教僧院で学問をおさめたほか、南アジア各地を旅して記録を残している。『大唐西域記』のなかで、ムルタンは茂羅三部盧国と描かれ、「住民は盛大に、家々は富裕である。磔迦国に隷属している。田地はよく肥え、気候は順調である。風俗は質朴で、学芸を好み、徳行を尊ぶ。天神を奉ずるもの多く、仏法を信ずるものは少ない」と続けている。

【MEMO】

ASIA
パキスタン

シャー・シャムス・タブリーズ廟
Mausoleum of Shah Shams Tabrez [★★☆]

緑のドームをいただくシャー・シャムス・タブリーズ廟（ダルガー）。実際、ここにおさめられているイスラム聖者はシャー・シャムス・サブズワーリーだが、長いあいだ別人のシャー・シャムス・タブリーズの墓廟だと信じられてきたことから、この名前が通称となっている（シャー・シャムス・タブリーズは、「イラン最大の神秘主義詩人」ルーミーの師として名を残している）。

▲左　ムルタンの人びとが集団礼拝に訪れるイドガー・モスク。　▲右　緑のドームが印象的なシャー・シャムス・タブリーズ廟

ハーフィズ・ジャマール廟
Mausoleum of Hafiz Jamal [★★☆]

オールド・ムルタン東に位置するハーフィズ・ジャマール廟（ダルガー）。ハーフィズとは「保持する者」のことで、転じて「コーランを暗唱した人」を意味する。イスラム教徒のあいだでは、聖典『コーラン』を暗唱した者は人々の尊敬を受けるため、この聖廟には「コーランを憶えられるように」と子供連れの参拝者が訪れている。

イドガー・モスク Eidgah Mosque ［★★☆］

旧市街北に位置するイドガー・モスクは、ムルタンの人々が金曜日の集団礼拝に訪れるモスク。18世紀、ムルタンの徴税にあたっていた領主の命で造営されたと言われ、ムルタン最大規模のモスクとなっている。

ハズラット・アリー・アクバル・シャー廟
Mausoleum of Hazrat Ali Akbar Shah [★★☆]

ムルタン北西の郊外スラジ・ミアニに立つハズラット・アリー・アクバル・シャー廟。シャー・ルクネ・アラム廟とならぶデリー・サルタナット時代の最高峰とされるイスラム建築で、後にムガル時代へとつながっていく様式をもつ。内部の墓石にはチャーダルという布をかけられている。

【地図】ムルタン郊外

【地図】ムルタン郊外の [★★★]
- [ ] シャー・ルクネ・アラム廟
   Mausoleum of Shah Rukn-e-Alam

【地図】ムルタン郊外の [★★☆]
- [ ] ハズラット・アリー・アクバル・シャー廟
   Mausoleum of Hazrat Ali Akbar Shah

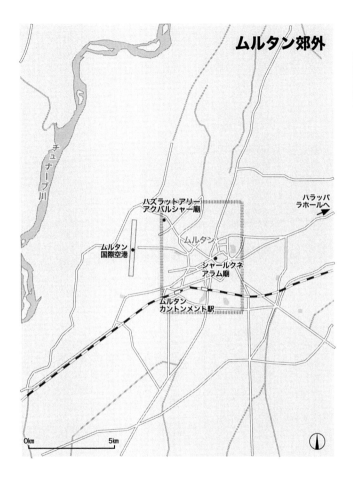

イスラム中世世界を訪ねて

中世のイスラム聖者廟が残るムルタン
14世紀にはイブン・バットゥータも訪れ
当時の様子を記録している

イスラム聖者廟「ダルガー」

ムルタン旧市街にはイスラム礼拝所のモスクとは別に、「ダルガー」と呼ばれるイスラム聖者廟が見られる。ダルはペルシャ語で「戸」や「門」を、ガーは「場所」を意味し、ダルガーはモスクとならんでイスラム信仰の中心地となっている（布教に尽力したイスラム聖者の墓廟とその敷地）。とくに13世紀にバハー・ウル・ハックが、この街にスフラワルディー教団の道場を構えたことでムルタンの宗教的地位は決定的なものになった。ティムールなどの侵入者に破壊、収奪される歴史もあったが、中世以来、イスラム聖者の布教拠点として栄えてきた。

ASIA
パキスタン

イブン・バットゥータの訪れたムルタン

シャー・ルクネ・アラム（その廟はムルタンの象徴的建物）が生きた時代、大旅行家イブン・バットゥータがシンド地方とムルタンに到着している(1333年)。「その後、私はウージャ（ウチュ）からムルターンの町に旅した。そこはスィンド地方の主都で、スィンドアミールたちの総督の居所である」(『大旅行記』イブン・バットゥータ)。当時はデリー・サルタナット朝が支配する時代で、西側からやってきた旅人はムルタンで足どめされた。インド亜大陸へやってきた目的を尋ねられた彼は「世界の支配者たるスルタン様にお仕えして、滞在す

▲左　乾燥した気候に砂塵が舞う、エキゾチックなムルタンの街角。　▲右　街のいたるところで見られる飲食店

るために参りました」と答えて、入国を正式に許可されたという。記録によるとイブン・バットゥータは2か月間ムルタンに滞在している。

デリー・サルタナット朝とは

8世紀のアラブ軍、11世紀のガズナ朝、12世紀のゴール朝とイスラム勢力がインド亜大陸に侵入するようになったが、本格的にイスラム勢力が根づくようになるのは13～16世紀のデリー・サルタナット朝時代のことだとされる。中央アジアからの遠征隊をひきいたゴール朝の武将アイバクは、主

ASIA
パキスタン

君がなくなったことをきっかけにデリーの地にとどまり、奴隷王朝を開いた。デリー・サルタナット朝は奴隷王朝（1206〜1290年、トルコ系）、ハルジー朝（1290〜1320年、トルコ系）、トゥグルク朝（1320〜1413年、トルコ系）、サイイド朝（1414〜1451年、トルコ系）、ローディー朝（1451〜1526年、アフガン系）と続き、デリーに宮廷をおいて南アジアを支配したことからこの名前がつけられた。

Multan

イスラム中世世界を訪ねて

参考文献

『パキスタンを知るための60章』（広瀬崇子、山根聡、小田尚也 / 明石書店）

『イスラム聖者』（私市正年 / 講談社）

『イスラム紀行』（ナイポール / 岩波書店）

『ダルガーの聖なる力』（広島三朗 / 季刊民族学）

『中世インドの権力と宗教』（荒松雄 / 岩波書店）

『大旅行記』（イブン・バットゥータ / 平凡社）

『大唐西域記』（玄奘三蔵 / 平凡社）

『岩波イスラーム辞典』（岩波書店）

『世界大百科事典』（平凡社）

まちごとパブリッシングの旅行ガイド

Machigoto INDIA , Machigoto ASIA , Machigoto CHINA

【北インド - まちごとインド】

001 はじめての北インド
002 はじめてのデリー
003 オールド・デリー
004 ニュー・デリー
005 南デリー
012 アーグラ
013 ファテープル・シークリー
014 バラナシ
015 サールナート
022 カージュラホ
032 アムリトサル

【西インド - まちごとインド】

001 はじめてのラジャスタン
002 ジャイプル
003 ジョードプル
004 ジャイサルメール
005 ウダイプル
006 アジメール（プシュカル）
007 ビカネール
008 シェカワティ
011 はじめてのマハラシュトラ
012 ムンバイ
013 プネー
014 アウランガバード
015 エローラ
016 アジャンタ
021 はじめてのグジャラート
022 アーメダバード
023 ヴァドダラー（チャンパネール）
024 ブジ（カッチ地方）

【東インド - まちごとインド】

002 コルカタ
012 ブッダガヤ

【南インド - まちごとインド】

001 はじめてのタミルナードゥ
002 チェンナイ
003 カーンチプラム
004 マハーバリプラム
005 タンジャヴール
006 クンバコナムとカーヴェリー・デルタ
007 ティルチラパッリ
008 マドゥライ
009 ラーメシュワラム
010 カニャークマリ
021 はじめてのケーララ
022 ティルヴァナンタプラム
023 バックウォーター（コッラム〜アラップーザ）
024 コーチ（コーチン）
025 トリシュール

【ネパール - まちごとアジア】

001 はじめてのカトマンズ
002 カトマンズ
003 スワヤンブナート

004 パタン
005 バクタプル
006 ポカラ
007 ルンビニ
008 チトワン国立公園

【バングラデシュ - まちごとアジア】

001 はじめてのバングラデシュ
002 ダッカ
003 バゲルハット（クルナ）
004 シュンドルボン
005 プティア
006 モハスタン（ボグラ）
007 パハルプール

【パキスタン - まちごとアジア】

002 フンザ
003 ギルギット（KKH）
004 ラホール
005 ハラッパ
006 ムルタン

【イラン - まちごとアジア】

001 はじめてのイラン
002 テヘラン
003 イスファハン
004 シーラーズ
005 ペルセポリス
006 パサルガダエ（ナグシェ・ロスタム）
007 ヤズド
008 チョガ・ザンビル（アフヴァーズ）
009 タブリーズ
010 アルダビール

【北京 - まちごとチャイナ】

001 はじめての北京
002 故宮（天安門広場）
003 胡同と旧皇城
004 天壇と旧崇文区
005 瑠璃廠と旧宣武区
006 王府井と市街東部
007 北京動物園と市街西部
008 頤和園と西山
009 盧溝橋と周口店
010 万里の長城と明十三陵

【天津 - まちごとチャイナ】

001 はじめての天津
002 天津市街
003 浜海新区と市街南部
004 薊県と清東陵

【上海 - まちごとチャイナ】

001 はじめての上海
002 浦東新区
003 外灘と南京東路
004 淮海路と市街西部
005 虹口と市街北部
006 上海郊外（龍華・七宝・松江・嘉定）
007 水郷地帯（朱家角・周荘・同里・甪直）

【河北省 - まちごとチャイナ】

001 はじめての河北省
002 石家荘
003 秦皇島
004 承徳
005 張家口
006 保定
007 邯鄲

【江蘇省 - まちごとチャイナ】

001 はじめての江蘇省
002 はじめての蘇州
003 蘇州旧城
004 蘇州郊外と開発区
005 無錫
006 揚州
007 鎮江
008 はじめての南京
009 南京旧城
010 南京紫金山と下関
011 雨花台と南京郊外・開発区
012 徐州

【浙江省 - まちごとチャイナ】

001 はじめての浙江省
002 はじめての杭州
003 西湖と山林杭州
004 杭州旧城と開発区
005 紹興
006 はじめての寧波
007 寧波旧城
008 寧波郊外と開発区
009 普陀山
010 天台山
011 温州

【福建省 - まちごとチャイナ】

001 はじめての福建省
002 はじめての福州
003 福州旧城
004 福州郊外と開発区
005 武夷山
006 泉州
007 廈門
008 客家土楼

【広東省 - まちごとチャイナ】

001 はじめての広東省
002 はじめての広州
003 広州古城
004 天河と広州郊外
005 深圳（深セン）
006 東莞
007 開平（江門）
008 韶関
009 はじめての潮汕
010 潮州
011 汕頭

【遼寧省 - まちごとチャイナ】

001 はじめての遼寧省
002 はじめての大連
003 大連市街
004 旅順
005 金州新区

006 はじめての瀋陽
007 瀋陽故宮と旧市街
008 瀋陽駅と市街地
009 北陵と瀋陽郊外
010 撫順

【重慶 - まちごとチャイナ】

001 はじめての重慶
002 重慶市街
003 三峡下り（重慶〜宜昌）
004 大足

【香港 - まちごとチャイナ】

001 はじめての香港
002 中環と香港島北岸
003 上環と香港島南岸
004 尖沙咀と九龍市街
005 九龍城と九龍郊外
006 新界
007 ランタオ島と島嶼部

【マカオ - まちごとチャイナ】

001 はじめてのマカオ
002 セナド広場とマカオ中心部
003 媽閣廟とマカオ半島南部
004 東望洋山とマカオ半島北部
005 新口岸とタイパ・コロアン

【Juo-Mujin（電子書籍のみ）】

Juo-Mujin 香港縦横無尽
Juo-Mujin 北京縦横無尽
Juo-Mujin 上海縦横無尽

【自力旅游中国 Tabisuru CHINA】

001 バスに揺られて「自力で長城」
002 バスに揺られて「自力で石家荘」
003 バスに揺られて「自力で承徳」
004 船に揺られて「自力で普陀山」
005 バスに揺られて「自力で天台山」
006 バスに揺られて「自力で秦皇島」
007 バスに揺られて「自力で張家口」
008 バスに揺られて「自力で邯鄲」
009 バスに揺られて「自力で保定」
010 バスに揺られて「自力で清東陵」
011 バスに揺られて「自力で潮州」
012 バスに揺られて「自力で汕頭」
013 バスに揺られて「自力で温州」

【車輪はつばさ】
南インドのアイラヴァテシュワラ寺院には建築本体に車輪がついていて寺院に乗った神さまが人びとの想いを運ぶと言います。

- 本書はオンデマンド印刷で作成されています。
- 本書の内容に関するご意見、お問い合わせは、発行元の
  まちごとパブリッシング info@machigotopub.com までお願いします。

まちごとアジア
パキスタン006ムルタン
〜炎天下の「スーフィー聖廟」［モノクロノートブック版］

2017年11月14日　発行

著　者	「アジア城市（まち）案内」制作委員会
発行者	赤松　耕次
発行所	まちごとパブリッシング株式会社
	〒181-0013　東京都三鷹市下連雀4-4-36
	URL http://www.machigotopub.com/
発売元	株式会社デジタルパブリッシングサービス
	〒162-0812　東京都新宿区西五軒町11-13
	清水ビル3F
印刷・製本	株式会社デジタルパブリッシングサービス
	URL http://www.d-pub.co.jp/

MP076

ISBN978-4-86143-210-1 C0326　　　Printed in Japan
本書の無断複製複写（コピー）は、著作権法上での例外を除き、禁じられています。